28 mars 1900

PN

Quatre Tableaux célèbres

PAR

L.-L. BOILLY

PROVENANT

De la Collection de M. PAUL SOHÈGE

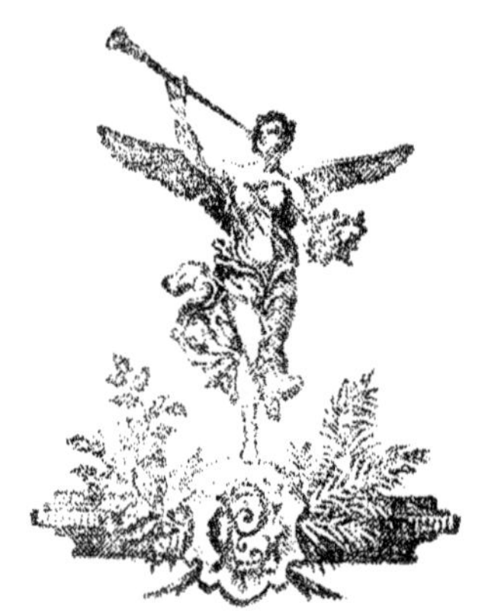

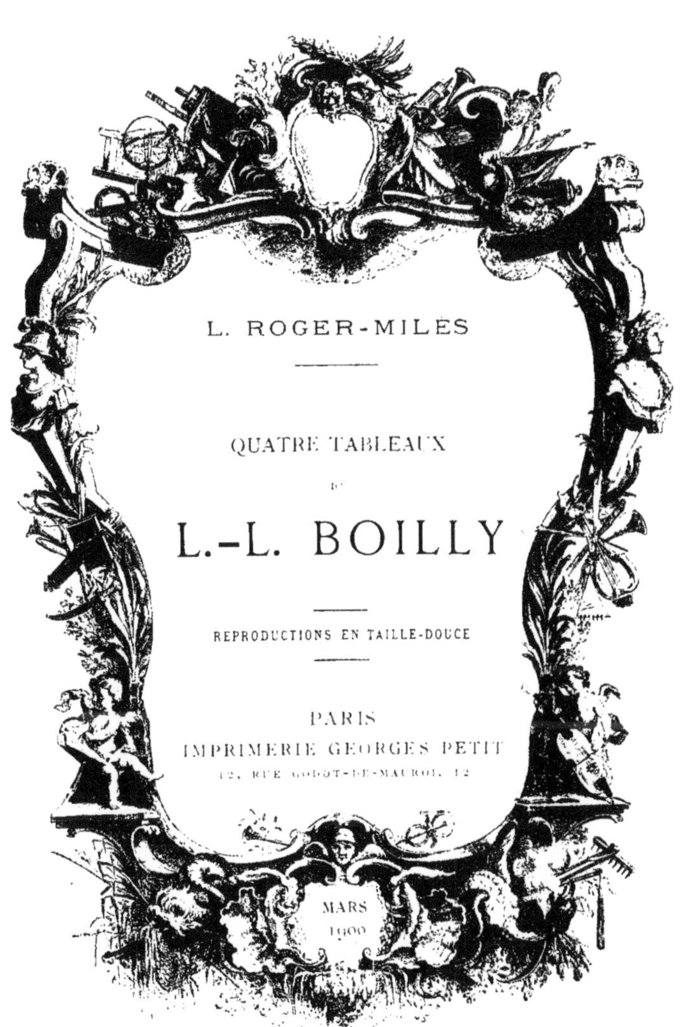

L. ROGER-MILÈS

QUATRE TABLEAUX

DE

L.-L. BOILLY

REPRODUCTIONS EN TAILLE-DOUCE

PARIS
IMPRIMERIE GEORGES PETIT
12, RUE GODOT-DE-MAUROY, 12

MARS
1900

CATALOGUE

DE

Quatre Tableaux célèbres

PAR

L.-L. BOILLY

« Prends ce biscuit » — « Nous étions deux, nous voilà trois »
« L'Amante déçue » — « Le vieux jaloux »

Appartenant à M. PAUL SOHÈGE

ET DONT LA VENTE AURA LIEU A PARIS

HOTEL DROUOT, Salle N° 6

Le Mercredi 28 Mars 1900

à 4 heures

Me PAUL CHEVALLIER	M. GEORGES SORTAIS
COMMISSAIRE-PRISEUR	PEINTRE-EXPERT
10, rue Grange-Batelière, 10	4, rue de Mogador, 4

EXPOSITIONS

PARTICULIÈRE	PUBLIQUE
Le Mardi 27 Mars 1900	**Le Mercredi 28 Mars 1900**
De 1 heure 1/2 à 5 heures 1/2	*(Jour de la Vente). De 1 heure 1/2 à 4 heures*

CONDITIONS DE LA VENTE

La vente sera faite au comptant.

Les Acquéreurs paieront *cinq pour cent* en sus des prix d'adjudication.

PARIS. — IMPRIMERIE GEORGES PETIT, 2, RUE GODOT-DE-MAUROI.

L.-L. BOILLY

ET

L'ART INTIMISTE FRANCAIS

AU COMMENCEMENT DU XIXe SIÈCLE

ES quatre tableaux de Boilly, dont on trouvera plus loin la reproduction, en disent plus sur l'esprit du temps où ils furent exécutés, que de longues dissertations. Ils portent en eux tout l'esprit d'une époque, toute une caractéristique de sentiment. Ils évoquent la grâce aimable d'un âge qui venait de disparaître, au cours d'une évolution sociale dont les manifestations esthétiques semblaient, dans le baptême des guerres, n'aspirer qu'à un sublime de convention. Chez Boilly, c'est le vieil esprit gaulois qui persiste, ce vieil esprit gaulois que l'afféterie galante, mais si délicieuse, de la seconde moitié du XVIIIe siècle, avait paré de tant de séduction.

Il y avait alors en présence plusieurs aspirations — je ne veux pas dire plusieurs écoles, le mot a un sens trop étroit — qui se partageaient le goût public. L'effort des archéologues avait apparemment triomphé : on se tournait, avec une admiration juste, quoique souvent incomprise des plus fervents admirateurs, vers les reliques arrachées au long silence de l'antiquité ; tout ce qui était exhumé — et par cela seul qu'il était exhumé — avait droit au respect, fût-il aveugle ; on en parlait comme d'une chose mystérieuse, dont le mystère devait recéler quelque splendeur encore irrévélée, et les mots qui arrivaient aux lèvres avaient la ferveur d'expression que jusque-là l'on réservait au verbe de la prière. Une statue, un vase étrusque, un bijou grec ne réunissaient pas autour d'eux les adorateurs, la statue, parce que dans les plis des draperies ou l'harmonie des formes, elle rayonnait de l'éternelle Beauté ; le vase, parce qu'il portait, sur ses courbes d'une incomparable élégance, des figures qui disaient la vie palpitante, à l'aide d'une extraordinaire synthèse d'écriture ; le bijou grec, parce que, dans la façon dont le métal était traité, il trahissait un métier arrivé à sa plus parfaite expression, un art vraiment surprenant, quant au sens de l'application et de la stylisation décorative. Cette statue, ce vase, ce bijou, n'attiraient les adorateurs que parce qu'ils étaient antiques, que parce que le travail des fouilles les avait réveillés du long sommeil qu'ils dormaient sous le sol nivelé des civilisations mortes.

A côté des archéologues, il y avait, suivant la solennelle amphase de David, ceux dont les appétits étaient tournés vers les héros : les secousses sociales de la Révolution et le souffle d'enthousiasme de la nation, qui avait tenu tête aux envahisseurs et s'en était allée porter ses armes glorieuses très loin de la patrie, avaient entraîné les esprits vers le paganisme chimérique où des efforts extra-humains étaient accomplis par des êtres à qui il fallait une puissance plus qu'humaine.

S'opposant à l'école de David, qui, un temps, avant d'être un artiste, voulait que son rôle fût d'abord d'être un citoyen, il y avait Prud'hon, doux génie, à l'âme inspirée et pure, que son idéal portait surtout à une mythologie moins ardente, la mythologie des belles déesses qui président aux choses du temps et aux choses du cœur, celles qui forcent les hommes à lever les yeux vers un ciel tout peuplé de beautés bienfaisantes, pour qu'en retour ces beautés, aux mains qui peuvent tout, daignent abaisser sur l'humanité des regards de tendresse et de protection.

Avec Boilly, en compagnie de ses épisodes, où sa verve improvise, inépuisable, nous revenons à un sens de la vie plus rapproché de la réalité. Il n'est plus question de Vénus mutilées, de guerriers à casques empanachés, de poëmes mélancoliques perdus dans l'emparadisement du symbolisme païen : nous ouvrons une porte, nous pénétrons dans un foyer; le décor qui nous entoure est fait de meubles qui nous sont familiers ; ici, c'est le tabouret sur lequel un roquet à l'air maussade dort, quand il n'aboie pas; là, c'est la pendule, dont les aiguilles se hâtent vers l'heure du rendez-vous ; à côté, c'est la petite table, sur laquelle on écrit des billets doux, et le coffret, souvent entr'ouvert, où l'on se plait à les mal cacher : plus loin, contre le mur, c'est le portrait aimé, à moins qu'il ne soit jeté à terre et piétiné — dans la mollesse des tapis — et c'est alors le portrait détesté; en un coin sombre, c'est le lit, le grand lit discret, qui bavarde cependant plus qu'il ne le voudrait, lorsque la chambrière, qui sait à quoi s'en tenir, n'a pas cru devoir se hâter d'en réparer le désordre.

Et dans ces foyers si attrayants, où tout est vie et palpitation, ce sont des jeunesses accortes, ingénues et rusées, passionnées et maitresses d'elles-mêmes, ayant des détresses de cœur qui s'achèvent dans un sourire, des blessures éternelles qui, le soir, sont cicatrisées, de perfides trahisons qui s'oublient dans un baiser; elles sont là, mutines et terribles, charmeuses et cruelles, donnant, comme en se jouant de l'enchantement ou de l'angoisse : fleurs capiteuses dont la griserie, parfois, va jusqu'à la souffrance, moqueuses et sincères à la fois; à la fois femmes, bonté, dévouement, mensonge !

Et pourtant, tout en disséquant l'âme de la femme qu'il a profondément observée, Boilly jamais ne se laisse aller à une expression amère ; il n'est pas un philosophe pessimiste : il est un psychologue indulgent, ayant toujours l'excuse prête et le mot qui vous désarme en vous faisant rire. S'il représente une infidèle, il met en face d'elle un jaloux ridicule, au point que la belle a mille fois raison de s'en gausser un peu. S'il nous conte, au contraire, le chagrin d'une amante désolée, il lui fait verser des larmes si passionnées, il lui met dans la physionomie une beauté si tragique que, loin de songer à une revanche du sexe fort sur la faiblesse dominatrice de l'autre, nous nous attendrissons et nous aiderions presque « la victime infortunée » à malmener l'ingrat en une épître que l'on nomme communément sanglante, parce qu'elle est écrite avec de l'encre noire, ou tout au moins violette.

Mais qu'il s'échappe des petits drames des âmes sentimentales, des petites tragédies des flirts, si chères aux petits-maîtres du XVIIIe siècle, aux petits-fils des belles aïeules qui voyageaient sur la carte du Tendre, et où ceux qui y ont un rôle — le rôle des lésions cruelles s'entend — admirent surtout leur sensibilité ; qu'il s'évade de ces tête-à-tête où le dialogue se prépare au pardon par les escarmouches et même les batailles de mots les plus désagréables : qu'il nous introduise dans le boudoir où rayonne le bonheur, où la bonne tendresse a préparé le berceau, où le berceau gazouille ses plus caressantes litanies, alors Boilly est délicieusement humain ; il dissimule, sous d'infinies coquetteries, l'émotion qu'en brave homme il ressent, et que, par amour-propre, pour le siècle dont il a connu la galanterie sceptique à son déclin, il se défend, heureusement pour nous, de manifester avec une bourgeoise sincérité.

Son idéal ne se hausse pas aux spéculations de la vie généralisée; il voit les individus, il les prend dans leur expansion essentiellement physiologique; il écoute leur cœur battre à l'unisson du sien, il parcourt de ses mains de virtuose tout le clavier de l'amour, et il nous dit à sa façon tout le mystère de la vie. C'est en cela qu'il a sa place marquée parmi les petits-maîtres, ceux qui n'ont pas d'ailes pour s'envoler vers les régions de la légende et de l'infini, mais ceux qui marchent d'aplomb sur le sol, sans oublier qu'en leur âme, comme un viatique pour leur passage terrestre, brille une petite étincelle d'en haut!

Voilà ce qu'on trouve dans les quatre tableaux de Boilly dont il est ici question: ce sont des œuvres devant lesquelles on doit s'arrêter un long temps, parce qu'à leur examen, lorsqu'on s'est enivré du charme d'art qui se dégage d'elles, on s'aperçoit qu'elles sont évocatrices de toute une époque et qu'elles renouent, par une tradition à peine transformée, le dernier sourire du XVIIIe siècle au premier bégaiement du XIXe.

L. Roger-Milès.

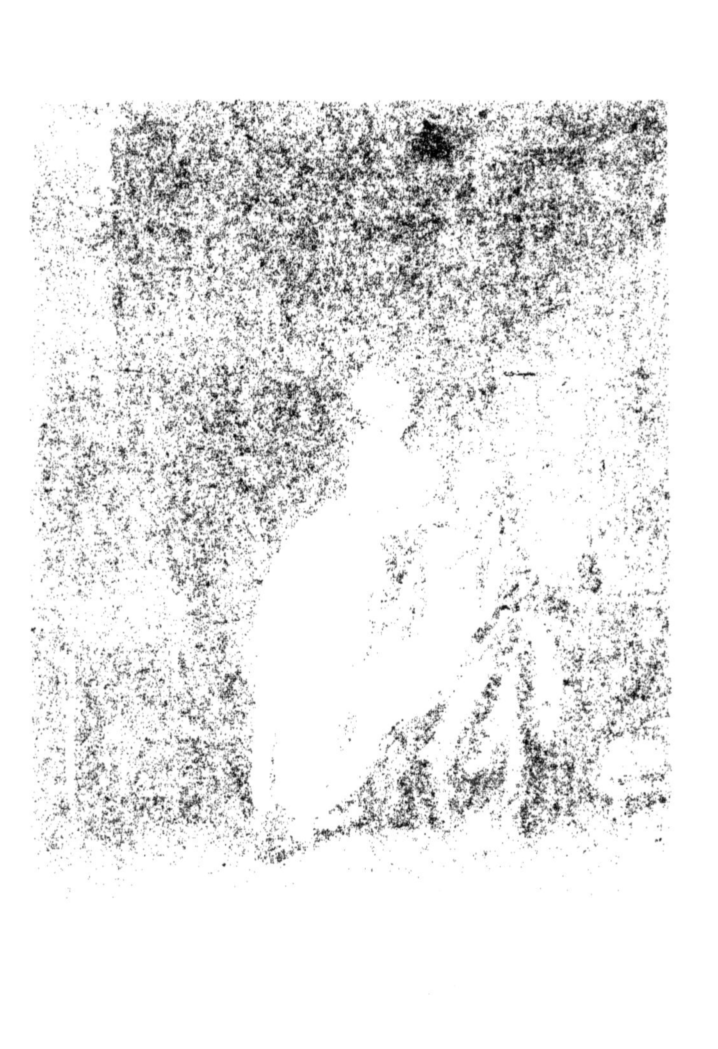

Boilly

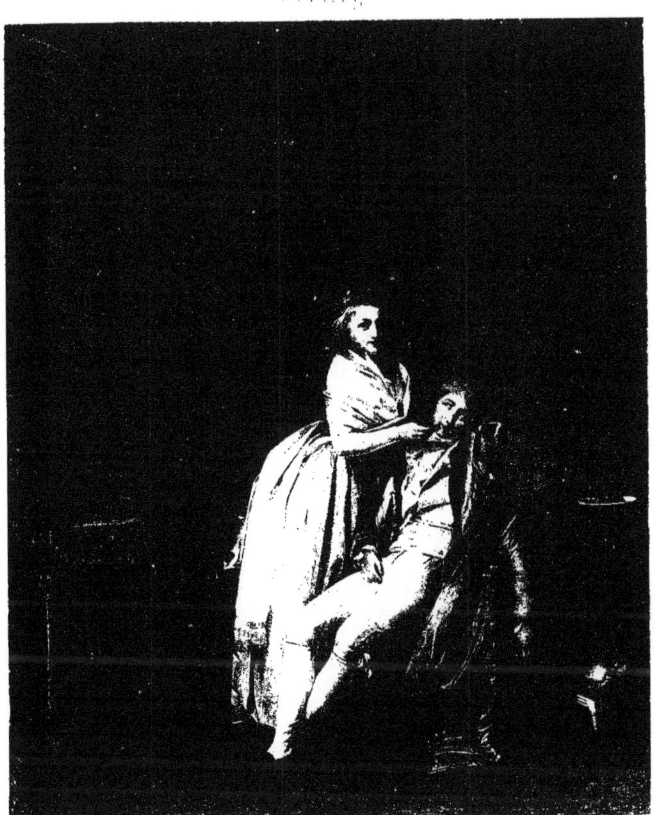

"Prends ce biscuit"

TABLEAUX

BOILLY

N° 1

“ *Prends ce biscuit* ”

Toile. Haut., 65 cent.; larg. 52 cent.

Dans un boudoir, une jeune femme en toilette de soie blanche est debout près d'un homme jeune, assis dans un fauteuil, et jouant la lassitude. Il est vu de trois quarts à gauche et jette à la jeune femme, dont la tête est tournée de face, des regards aimables et langoureux. Il est vêtu d'une culotte gris de perle, d'un gilet blanc rayé de vert, d'un habit à revers rouges et d'une ample pelisse de satin gorge de pigeon. Une cravate à jabot est nouée autour de son col. Il laisse pendre mollement son bras gauche sur l'accoudoir du fauteuil.

La jeune femme, aux cheveux blonds légèrement décoiffés, approche des lèvres de son ami, avec un sourire ineffablement engageant, un biscuit, tandis que, de la main gauche passée derrière la tête, elle tient un verre à demi rempli d'un vin généreux qui réconforte.

A droite, sous la table couverte d'un tapis vert et portant un plat de biscuits, une bouteille et un autre verre, un chien dort, l'air maussade, sur un tabouret garni de velours rouge frappé.

A gauche, sur une console, une terre cuite explique le symbole de ce biscuit et de ce verre. On y voit un amour légèrement fourbu, devant lequel se tient un Bacchus jeune, et la légende dit : « *Vive Bacchus ! l'amour repousse.* »

Ce tableau a été gravé par Vidal.

Si nous en croyons la légende, tandis que Boilly achevait ce tableau, il y avait autour de lui quelque société, et l'on proposa des bouts-rimés sur le « goûter réparateur ». Ce fut un tournoi où l'on échangea force traits... d'esprit, où l'on se battit à coups de rimes.

Voici deux triolets qui ont survécu, par hasard, à ces improvisations :

Prends ce biscuit, bois ce Bourgogne :
Chambertin rend le souffle au mort.
Je te veux beau, vaillant et fort...
Prends ce biscuit, bois ce Bourgogne.
Ta passion n'a pas le tort
D'évoquer la mère Gigogne...
Prends ce biscuit, bois ce Bourgogne...
Chambertin rend le souffle au mort.

Tu souris ? Ton œil s'illumine ?
Désir fou ? Caprice divin ?
Est-ce le biscuit, ou le vin ?
Tu souris ? Ton œil s'illumine ?
Le soleil au flanc du ravin,
Parmi les grappes d'or chemine.....
Tu souris ? Ton œil s'illumine ?
Désir fou !... Caprice divin !...
..... Enfin !...

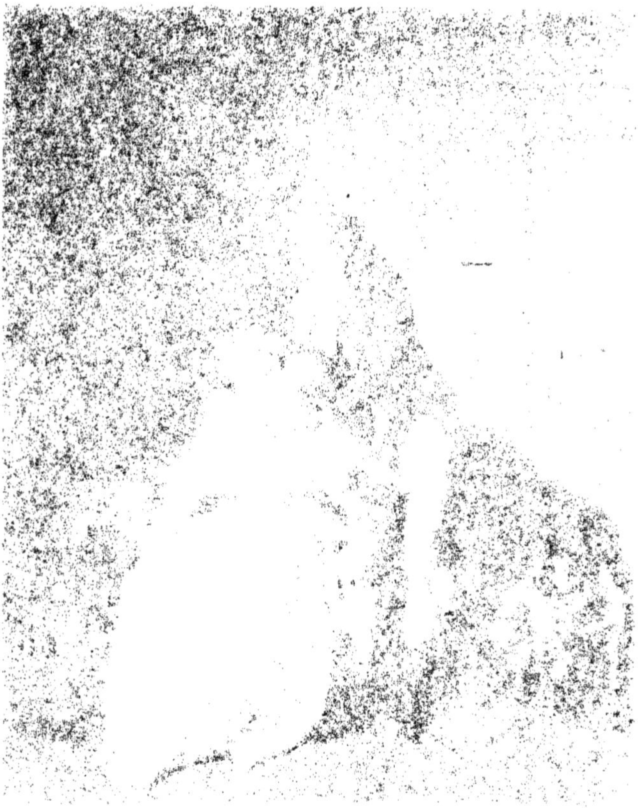

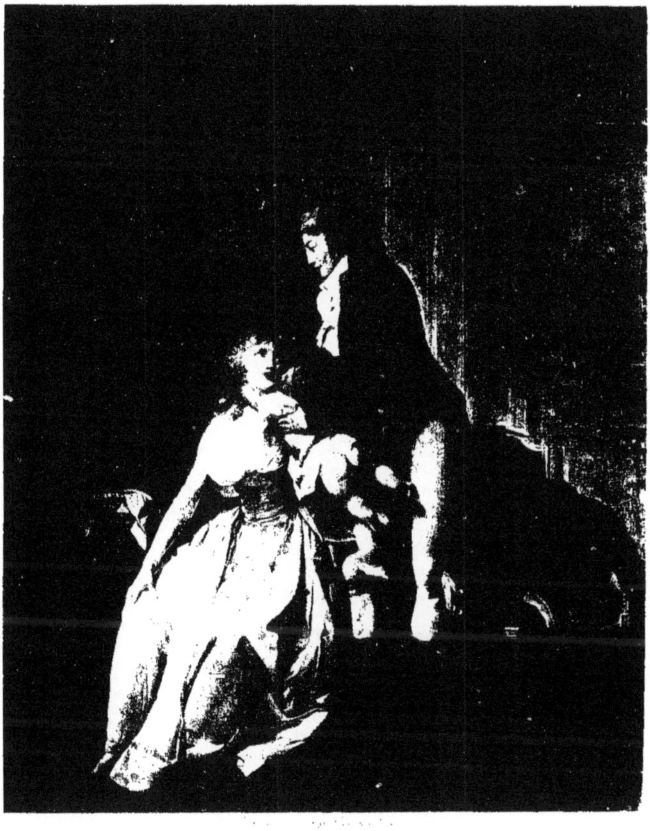

Nous étions deux, nous voilà trois

BOILLY

N° 2

“ Nous étions deux, nous voilà trois ”

Toile. Haut., 63 cent.; larg., 52 cent.

Près d'un berceau, une jeune femme est assise en toilette de satin blanc, marquée par une large ceinture de satin rose. Le corsage, amplement ouvert, laisse deviner une gorge puissante, prête à la douce fatigue maternelle.

Près d'elle, debout, un homme jeune en bottes à revers, culotte jaune, habit gris, suspend à son cou un petit enfant dont les bras et les lèvres sont riches de caresses. Le petit, très blond comme le père et la mère, n'a nul souci que sa chemise se relève. Ses petits pieds rosés battent l'air dans un geste de joie, et ses chairs, ingénûment découvertes, ont d'adorables fossettes potelées. Il est tout à son étreinte affectueuse, et le peintre a su exprimer que dans tous ces regards il n'y avait qu'une âme.

Ce tableau a été gravé par Vidal.

Pour être trois, nous étions deux :
T'en souvient-il, ô bien-aimée ?
Longtemps nos rêves devant eux
Trouvèrent la porte fermée.

Mais un jour un secret frisson
Éveilla ta chair d'amoureuse :
Tout cœur entendit la chanson
De la volupté douloureuse.

Nos liens en sont plus étroits,
Étant faits des mêmes caresses :
Nous étions deux, nous sommes trois,
Et plus douces sont nos tendresses.

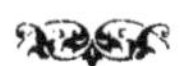

BOILLY

N° 3

Le Vieux Jaloux

5 [illegible]

M[illegible] [illegible]

Toile. Haut., 37 cent.; larg., 45 cent.

Tandis que la belle lisait une lettre tendre et contemplait une miniature aimée, le vieux jaloux l'a surprise. Sur l'instant, son étonnement a été tel qu'il a laissé tomber à terre sa longue canne, dont il se croyait le seul à se bien servir pour assurer la majesté de sa marche. Puis son vieux cœur d'amoureux a bondi sous l'affront, et notre vieux jaloux, sans préparer sa contenance, ne songe plus qu'à se venger. Il a saisi le poignet gauche de la jeune personne et lui a fait lâcher la bonbonnière au portrait criminel qu'il va écraser d'un pied furieux. Il est vu de profil, un profil plus voisin de la fantaisie de polichinelle que de l'impériale beauté d'une médaille romaine ; il menace du poing, un poing que l'on soupçonne fort d'être mal assuré. Dans son habit rouge, avec son tricorne et sa perruque à marteaux, il est guetté par l'apoplexie, si sa colère ne cède pas.

La belle cache derrière le dossier d'une chaise la lettre qui contient les serments d'amour. Elle est coquette, exquise, en sa robe de mousseline blanche, qui laisse apercevoir sa jupe rose, et en son corsage bleu rayé de rouge dont un fichu de linon blanc rend plus discrète l'échancrure. Elle écoute le vilain jaloux avec un semblant de condescendance et de peur. Mais que d'espièglerie sur ses lèvres qui retiennent un sourire ! Que d'ironie dans ses yeux qui voudraient trouver une larme ! Comme elle sait bien flatter le jaloux par une attitude penchée qui laisse entendre qu'elle croit encore à sa force, quand elle a tout lieu de douter de sa puissance !

A droite, derrière une chaise renversée par le brutal, on aperçoit

Bailly

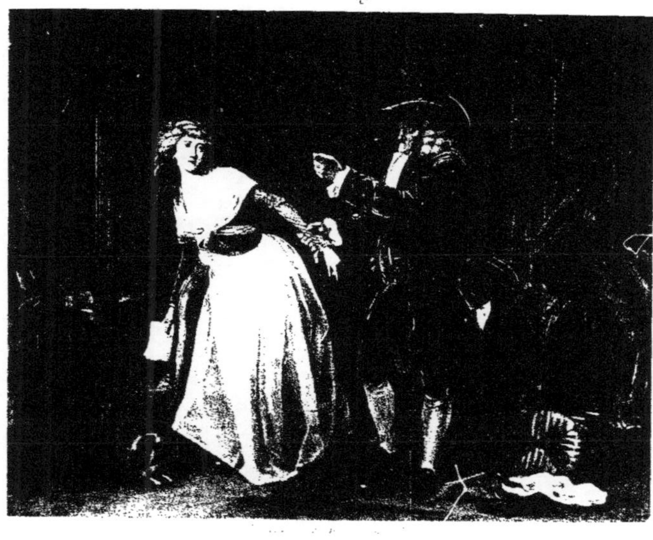

l'alcôve dont le lit est défait. A gauche, sur une petite table, il y a un coffret ouvert, dont s'échappent des rubans, le coffret où l'âme tendre s'évapore dans les parfums oubliés. Sous la chaise, à gauche, le chien, qui est pour la morale, aboie contre le vieux jaloux.

Le jaloux de Boilly connait mal les femmes : celui de Chaulieu est plus avisé, qui adressait ce billet ironique à une ingrate :

Tu vois trop mon rival et tu me vois trop peu :
Il faudrait, pour ton bien, sur cela te contraindre.
Tu crois faire durer son feu
Et tu travailles à l'éteindre.
Pour moi, moins je te vois, moins je suis amoureux :
Ranime mes désirs souvent par ta présence :
Fais-lui tâter un peu des rigueurs de l'absence :
C'est là le vrai moyen de nous garder tous deux.

BOILLY

N° 4

L'Amante déçue

Toile. Haut., 37 cent.; larg., 45 cent.

Comme elle rentrait chez elle, elle a trouvé un pli. Elle a reconnu l'écriture et vite, pour le lire, elle n'a pris que le temps de jeter sur un coin de table la pelisse de soie noire garnie de dentelle qu'elle avait mise sur sa robe de soie rose au corsage décolleté, dont l'ouverture pleine de charme est encadrée d'un fichu de linon blanc. Mais la lettre lui réservait une douleur. C'était un adieu sans excuse, c'était l'oubli des serments les plus tendres. Au premier moment, la colère fut maitresse d'elle. Sur le sol elle a précipité le portrait de l'ingrat, et de son pied chaussé d'un petit soulier noir à ruban bleu elle martelle l'image, hier encore adorée. Puis la douleur a pris le dessus. La pauvrette est tombée assise devant la table. De sa main gauche elle tient la lettre cruelle ; de sa main droite elle serre un collier de perles, qu'elle aimait à porter à son col puisqu'une miniature, qui y était pendue et qu'elle laissait glisser dans son sein, portait l'image du traitre. Elle lève sa tête attristée, aux cheveux blonds ébouriffés retenus par des rubans roses, et son regard semble implorer le dieu des amours fidèles. Adieu le rêve, adieu les heures de bonheur...

Mais la soubrette, qui sait comment on agit en pareille circonstance, arrive décidée, dans sa robe rouge à demi cachée par un tablier blanc. Elle est jolie aussi sous son bonnet à rubans roses ; et son corsage ouvert aurait de quoi tenter plus d'un galant. N'était ses mains, que les besognes domestiques ont privées de finesse, elle aussi serait une mignonne pour les cœurs attendris. Elle apporte l'écritoire et l'on devine, à son geste, qu'elle doit connaitre le secret d'éloigner ceux qui gênent et au besoin de ramener ceux qui oublient.

Boilly

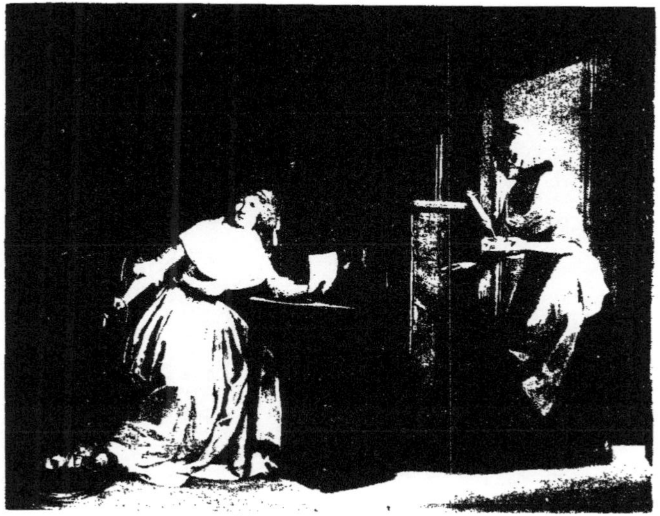

L'Amante deçue

Dans un vieil almanach anacréontique, nous avons retrouvé le billet qui, pour un jour, fit tant de peine à l'amante déçue. Le voici, en sa forme aimablement surannée :

Je t'ai juré d'être fidèle,
Je t'ai juré sur tes appas,
Ma mémoire me le rappelle,
Mais mon cœur ne s'en souvient pas.

Serment d'éternelle tendresse
Est folie ou témérité :
Quand mon cœur en fit la promesse,
Disait-il bien la vérité ?

Dans le printemps, Vénus et Flore
Brillent de moins d'attraits que toi,
Les attraits que je vis éclore
Doivent-ils demeurer ma loi ?

Trop de plaisir chasse les Grâces ;
Elles ont déserté ta Cour
L'Amour a volé sur leurs traces
Et mon cœur a suivi l'Amour.

Et la belle de s'écrier, dans le langage des demi-dieux, pour n'être point en reste avec son volage correspondant :

Troubles naissants, dont je fus trop charmée,
Transports si doux, qu'êtes-vous devenus ?
Flatteuse idée,
Vous n'êtes plus,
Songes trompeurs, que par malheur j'ai crus,
Disparaissez : je ne suis plus aimée !!!

Notice Biographique

SUR

L.-L. BOILLY

(1761-1845)

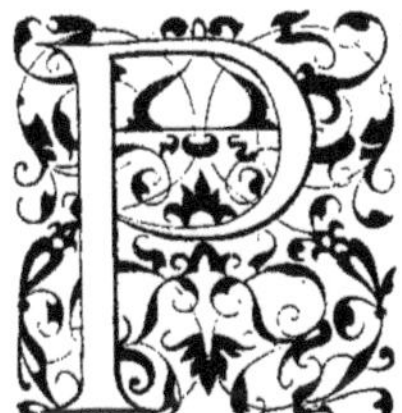

PARMI les petits-maîtres de l'école française, — et par cette qualification de *petits-maîtres*, nous venons d'exposer ce qu'il fallait entendre, nous venons de montrer que cela était un mode de classification qui n'impliquait aucune idée défavorable et laissait intacte l'expression d'un art délicat et même élevé — parmi les petits-maîtres de l'école française, il n'en est pas qui mérite, plus que Boilly, l'encens glorieux que nos contemporains font fumer autour de sa mémoire : et lorsque, l'an dernier, la *Société pour la propagation des livres d'art*, dont l'effort est si généreux et si utile, confia à M. Henry Harrisse la mission d'écrire la vie du peintre et d'analyser son œuvre, il sembla, à tous ceux qui aiment notre art français, qu'un bel acte de justice venait d'être accompli.

Au moment où quatre peintures des plus exquises du maître vont passer en vente publique, il nous a paru intéressant de résumer ici, en une courte notice, le récit de la vie de Boilly que, certainement, beaucoup de personnes ignorent.

Boilly est né en 1761, le 5 juillet, à la Bassée, petite ville qui se trouve à vingt-quatre kilomètres environ de Lille. Si l'on sait avec certitude que son grand-père paternel était meunier et son grand-père maternel boulanger, il est presque impossible de suivre l'histoire vraie des premières années de Boilly. Le biographe est réduit aux probabilités.

Chez Dinaux même, qui connaissait fort Boilly et avait été à même d'interroger et sa famille et ses amis, il est assez aisé au sens critique de démêler, à travers le récit acceptable dans l'ensemble, quelques fils tout mythologiques. Quoi qu'il en soit, c'est à Dinaux qu'il faut encore recourir principalement et joindre l'étude personnelle au détail épuré de cet écrivain.

Boilly était de famille pauvre. Son père, sculpteur sur bois, fut son premier maître et, sous cette direction, le jeune Louis-Léopold développa merveilleusement les qualités natives dont il était doué. Il alla ensuite travailler à Douai, puis à Arras et, sur l'obligeante proposition d'un décorateur, Le Crosnier, vint s'établir à Paris dans la maison de celui-ci. On était en 1785. Après nombre de toiles gracieuses et de larges portraits, le succès lui venant, Boilly, se souvenant d'une vision chère, quitta Paris et épousa, en 1787, la fille d'un commerçant, Marie-Josèphe Deligne, dont il s'était épris pendant son séjour à Arras. Puis il revint dans la capitale.

Les expositions étant ouvertes à tous les peintres dès 1791, Boilly envoya plusieurs toiles qui firent remarquer par la critique la finesse et la fraîcheur de son coloris. Mais les tableaux se vendaient, relativement à notre époque, dérisoirement bon marché. C'est de la reproduction de ses œuvres par les graveurs surtout que Boilly tirait son revenu. Cette reproduction faillit lui coûter la vie. Le Comité de Salut Public s'alarma de voir afficher partout des œuvres « si légères et si contraires aux bonnes mœurs », et Boilly eut besoin de se justifier énergiquement, de montrer, par l'exécution de son *Marat*, qu'il était honnête citoyen, pour échapper au couperet. Au reste, Boilly fut jeté en prison et ne sut jamais pourquoi.

Jusqu'en 1800, Boilly exposa chaque année, mais surchargé de besogne, forcé d'entreprendre des travaux plus ou moins ennuyeux pour gagner la vie des siens, il ne bougea plus pendant quatre ans. Six tableaux signalèrent son retour. Après 1824 Boilly n'exposa plus, tout en continuant à peindre.

Il avait perdu sa femme en 1808 et demeurait toujours dans une assez étroite médiocrité. Il résolut de faire une vente de ses œuvres et de sa collection particulière, en 1829, mais il ne réussit pas à écouler toutes les toiles dont il était l'auteur. Le romantisme arriva. C'en était fait du succès de Boilly. Il était alors trop âgé pour inaugurer une nouvelle source d'inspiration, et il vécut dès lors en exécutant, pour toutes les classes de la société, de petits portraits dont la ressemblance et la délicatesse faisaient rechercher l'acquisition.

Il avait, en 1805, reçu une médaille d'or de première classe. Mais ce n'est qu'en 1833 que Louis-Philippe le décora de la Légion d'honneur. Le 4 janvier 1845, Boilly, qui avait peint et dessiné jusqu'à la dernière heure, s'éteignit au milieu des siens. Il avait quatre-vingt-quatre ans.

M. Henry Harrisse cite un passage heureusement choisi où Dinaux résume on ne peut mieux ni plus simplement le caractère de cet artiste : « C'était un homme aimable et bon ». Nous dirons aussi : c'était avant tout un homme de son temps. Que l'on regarde le portrait qu'il a fait de lui-même, c'est plus qu'une individualité, c'est un type. Bourgeois, certes, il le fut avec tout le bon et aussi tout le suranné que l'emploi comporte. La face est loyale, les traits sont vulgaires, mais le coin des lèvres s'ombre malicieusement, et derrière les grosses lunettes, les yeux, fins et lents, sourient imperceptiblement. — Il aimait la plaisanterie; il ne détestait point la galanterie, les propos égrillards ni les gestes vifs. Mais il avait un tact qui manqua souvent à ses contemporains : il avait la délicatesse, la grace et le goût. La sentimentalité, qui n'est point sans quelque charme de vieille romance, et que l'on rencontre dans beaucoup de ses tableaux, n'était point artificielle, mais sincère et c'est pour cela qu'elle nous touche , car Boilly alliait, en effet, à sa gaîté nullement méchante, un fond de tendresse qui est le privilège de la classe sociale à laquelle il appartenait.

www.ingramcontent.com/pod-product-compliance
Ingram Content Group UK Ltd.
Pitfield, Milton Keynes, MK11 3LW, UK
UKHW020457180726
13839UKWH00004B/1830